Weide

Kiefer

Birke

Buche

Linde

Lärche

Kastanie

Für
Martha, Frieda und Louisa

Ein besonderer Dank geht an meine Ehefrau Monika, an Edeltraud Asal-Menhard und an Marion Reiner für ihren persönlichen Einsatz an dem Projekt.

Roland Bock

Roland Bock

Jetzt verstehe ich die Bäume

Heimische Baumarten erkennen und bestimmen

Mit Rehbock Paule und Siebenschläfer Pepe – illustriert von Johannes Reiner

arsEdition

Die Baumkarten:

Diese Bestimmungskarten für die Bäume zum Heraustrennen findest du hinten im Buch in einer Tasche.

Geh damit in den Wald oder Park und schau, ob du »deine« Bäume erkennst und bestimmen kannst.

Diese Bäume findest du im Buch:

10 heimische Laubbäume

4 heimische Nadelbäume

Und noch weitere spannende Bauminfos:

»Jetzt verstehen wir die Bäume!«

Wie sieht eine Eiche aus? Was ist typisch für eine Buche?

In der Schule lernst du viel über Bäume und ihre Blätter. Aber es ist ganz schön schwierig, sich zu merken, ob der Blattrand eines Baumes »gezackt«, »gezähnt« oder »gesägt« ist.

Wie kannst du Bäume aber ganz leicht erkennen?
Was sind ihre Besonderheiten?
Und wie kannst du sie dir merken?
Unser Freund Roland, ein echter Baumexperte, hat uns dabei geholfen. Er zeigte uns draußen in der Natur, was das Besondere an jedem Baum ist. Da wurde uns plötzlich klar:
»Jetzt verstehen wir die Bäume!«

Seitdem lieben wir Bäume!
Wenn du auch Baumexpertin oder Baumexperte werden willst, geh in den Garten, einen Park oder in den Wald. Dort kannst du dir die unterschiedlichen Baumarten anschauen und dir ihre Besonderheiten ganz leicht merken.
Nimm dazu einfach die Baumkarten mit, die sich hinten im Buch befinden! Sie helfen dir dabei, die Bäume zu bestimmen.

In diesem Buch findest du 14 heimische Baumarten – und dazu unsere Freunde, den Rehbock Paule und den Siebenschläfer Pepe, die dir die Bäume erklären.
Du wirst jeden Baum an einem ganz bestimmten Merkmal erkennen und gut im Gedächtnis behalten.
Denn es ist ganz einfach, die Bäume zu verstehen.

Komm, wir zeigen es dir!

Und wir sind ...

Viel Spaß mit

Das sind wir in echt!

Siebenschläfer

Lateinischer Name: **Glis glis**
Klasse: **Säugetiere**
Größe: **20–30 cm**
Gewicht: **70–100 g**
Alter: **6–9 Jahre**
Aussehen: **graues Fell**
Ernährungstyp: **Allesfresser (Omnivor)**
Nahrung: **Baumfrüchte (u.a. Eicheln und Bucheckern), Insekten**
Verbreitung: **Mittel- und Südeuropa**
Schlaf-wach-Rhythmus: **nachtaktiv**
Lebensraum: **Wälder**
Natürliche Feinde: **Fuchs, Marder, Greifvögel**
Paarungszeit: **Mai–Juni**
Tragzeit: **ca. 30 Tage**
Wurfgröße: **3–12 Jungtiere**
Sozialverhalten: **Einzelgänger**
Vom Aussterben bedroht: **nein**

Reh/Rehbock

Lateinischer Name: **Capreolus capreolus**
Klasse: **Säugetiere, Ordnung Paarhufer**
Größe: **bis zu 70 cm Schulterhöhe**
Gewicht: **12–25 kg**
Alter: **3–14 Jahre**
Aussehen: **rotbraunes Fell**
Ernährungstyp: **nährstoffreiche Pflanzenteile (Knospen, Triebe)**
Verbreitung: **Eurasien**
Schlaf-wach-Rhythmus: **tag-, nachtaktiv**
Lebensraum: **Wälder**
Natürliche Feinde: **Rotfuchs, Luchs, Wolf**
Paarungszeit: **Juli–Mitte August**
Tragzeit: **ca. 9,5 bzw. 5 Monate (Eiruhe)***
Wurfgröße: **1–2 Rehkitze**
Sozialverhalten: **Einzelgänger und Herdentier (je nach Jahreszeit)**
Vom Aussterben bedroht: **nein**

Ganz schön … …clever!

***EIRUHE:**
Rehkitze werden im Frühjahr geboren, wenn es genügend Nahrung gibt. Gezeugt werden sie aber schon im Spätsommer des vorhergehenden Jahres, weil dann der Rehbock am kräftigsten ist. Die ungeborenen Rehkitze wachsen nur die letzten 5 Monate im Bauch der Mutter, vorher ruht die befruchtete Eizelle 4,5 Monate. So muss das Reh im Winter – wenn es wenig Futter gibt – nicht viel fressen.

den Bäumen!

Wir Siebenschläfer bauen die Nester für unseren Nachwuchs gerne in Baumhöhlen von Bunt- oder Schwarzspechten, manchmal auch in einem Vogelnistkasten. Wie gemütlich!

DIE LAUBBÄUME

Als Erstes schauen wir uns die Laubbäume an. Vier von ihnen wirst du allein an ihren Knospen erkennen, das macht dich zum absoluten Baumexperten.

Überhaupt wirst du alle deine Sinnesorgane brauchen. Neben den Augen wird dir auch deine Haut wertvolle Unterstützung geben.
Fehlen noch deine Ohren und deine Nase: Es ist enorm wichtig, dass du deine Erfahrungen draußen im Wald erlebst. Und zwar zu allen Jahreszeiten: Manches Erkennungsmerkmal wirst du im Spätwinter besser erleben als im Hochsommer. Die Stille im Wald, ohne Verkehrslärm, die Vogelstimmen, das Plätschern eines Bachs, der Blüten- und Harzgeruch werden ein Genuss für deine Ohren und deine Nase sein.

Jetzt geht's los!

Viel Freude mit Valentina, Linus, Paule und Pepe und den Geschichten rund um unsere einheimischen Bäume!

Baumquiz

Am Ende des Buchs findest du ein **spannendes Baumquiz.** Die gelben Zettel auf den Baumseiten helfen dir bei der Lösung. Viel Spaß!

Die Birke

Unser erster Laubbaum ist die

Birke.

Du kannst sie ganz leicht an ihrer Rinde erkennen. Schon von Weitem leuchtet dir die weiße Rinde des schlanken Baumes entgegen.

Die **Kätzchen** der Birke verstreuen im Frühjahr zahlreiche Pollen, die bei einigen Menschen Allergien verursachen.

Die dünnen Zweige der Birke werden als **Reisig** bezeichnet. Experten behaupten, kein Besen kehre besser als ein Besen aus Birkenreisig. Auf Handwerkermärkten kannst du sicher solche Besen entdecken.

Im Fasching gehört ein Reisigbesen zur klassischen **Hexen-ausstattung.**

Probier's mal …

Bei einem Spaziergang im Wald findest du sicher Rindenstücke der Birke. Im Kunstunterricht der Schule oder am Schreibtisch zu Hause lassen sich mit der Vorlage geeigneter Rindenstücke herrliche Bleistiftzeichnungen anfertigen.

Baumquiz

Für die **Birke** merken wir uns das Wort:

weiß

Der Ahorn

... **weil** sich die Ahornblätter im kanadischen Herbst so schön rot verfärben.

... **weil** das Ahornblatt seit 1876 auf den kanadischen Geldscheinen zu finden ist.

Wenn du dich für Sport interessierst, ist dir das gezackte Blatt des Ahorns bestimmt schon aufgefallen. Die Kanadier haben das Ahornblatt als Symbol in ihrer Nationalflagge. Jeder Sportler aus Kanada, der sein Land bei einer Sportveranstaltung vertritt, hat auf seinem Trikot **das Ahornblatt.**

Warum?

... **weil** es so gut zu erkennen ist. In echt hat es meistens 23 Spitzen, auf der Flagge aber nur 11.

... **weil** es in Kanada so viele Zucker-Ahornbäume gibt, aus deren Saft der Sirup gemacht wird.

Betrachtest du den Flugsamen des Ahorns, verrät dir die Form schon den Anfangsbuchstaben: **A**

Genauso ist es bei der Wuchsform dieses Laubbaums:
Jeder Ast verzweigt sich nach rechts und links auf derselben Höhe. Hältst du also einen Ast in umgekehrter Wuchsform vor dir, wirst du an den Verzweigungen jeweils ein **A** erkennen können.

Diese Eselsbrücke klingt komplizierter, als sie in Wirklichkeit ist. Viel Freude beim Entdecken draußen! Im Winter oder Vorfrühling kannst du an den unbelaubten Ästen dieses Merkmal gut erkennen.

Baumquiz

Für den **Ahorn** merken wir uns das Wort:

Kanada

Die Eiche

Diesen Laubbaum erkennst du sicher an der besonderen Form seiner Blätter. Der gebuchtete Blattrand ist typisch für die Eiche.

Im Herbst fallen die nussartigen Früchte aus dem Fruchtbecher zu Boden und dienen vielen Tieren als wichtige Nahrung für den bevorstehenden Winter. Mäuse, Rehe und Wildschweine fressen sie mit Vorliebe.

Eichelhäher und Eichhörnchen

sammeln sie als Vorrat. Ihre Namen kannst du von diesen Früchten ableiten.

Im Winter

erkennst du die aufrechte und mächtige Wuchsform der Eiche.

Bei der Einführung des Euro (im Jahr 2002) suchten alle Länder besondere Kennzeichen für ihre Münzen.

Deutschland wählte neben dem Bundesadler und dem Brandenburger Tor das Blatt und die Frucht der Eiche für seine 1-Cent-, 2-Cent- und 5-Cent-Münzen. So kannst du leicht eine Eiche im Geldbeutel haben.

Schau mal dein Geld an!

Baumquiz

Für die **Eiche** merken wir uns das Wort:

Deutschland

Die Erle

Jetzt geht's ans Wasser. Die Erle liebt den feuchten Boden in der Nähe von Gewässern. Spazierst du vor dem Laubaustrieb an einem Bachlauf entlang, werden deine Augen schon das rötliche Schimmern der Erlenkätzchen wahrnehmen.

Wenn du dir die Erle aus der Nähe ansiehst, werden dir die kleinen, schwarzen Zäpfchen an den Ästen sicher auffallen. Die Erle ist der **einzige einheimische Laubbaum**, der **Zäpfchen** **wie die Nadelbäume** hat.

Für echte Baumchecker

Zum **Räuchern von Forellen** im eigenen Räucherofen verwendet unser Baumexperte Roland bevorzugt Erlensägemehl, was den Fischen einen appetitlichen Glanz verleiht.

Das wissen meist nur die Baumexperten. In Günther Jauchs Quizsendung »Wer wird Millionär?« hätte dieses Fachwissen schon einmal

125 000 Euro eingebracht.

Nicht verwunderlich

ist es, dass Holzboote oft aus Erlenholz gebaut wurden. Betrachtest du den meist nassen Standort der Erle, weißt du, warum dies so war.

Baumquiz

Für die **Erle** merken wir uns das Wort:

Zäpfchen

Die Weide

Wir bleiben am Wasser. Dort wächst die Weide. Ihre langen, dünnen Äste haben eine bemerkenswerte Eigenschaft: **Sie sind extrem biegsam.**

Besonders gut schmecken dem

Biber

die zarten länglichen Blätter und die weiche Rinde der Weide.

Zu **Ostern**
kannst du Sträuße
mit Palmkätzchen
binden und selbst bemalte Ostereier
an Weidenzweige hängen.
Die Palmkätzchen sind superweich!

Die Menschen haben die besondere Biegsamkeit schon früh erkannt und aus den Ruten der Weiden Körbe und Gefäße aller Art geflochten. Auf vielen Märkten kannst du die handwerkliche Herstellung dieser Naturprodukte durch die Korbflechter bestaunen.

Ein Weidenkorb ist der ideale und umweltbewusste Begleiter beim Einkauf und natürlich auch beim Pilze- und Beerensammeln im Wald.

Der berühmteste
Weidenkorb gehört
Rotkäppchen.
Damit geht es durch den
Wald und bringt seiner
Großmutter Essen.
Aber der böse
Wolf ...

... na, den Rest der Geschichte kennt ihr alle!

Baumquiz

Für die **Weide** merken wir uns das Wort:

biegsam

Die Buche

Das Holz der Buche ist hell und sehr hart, es eignet sich gut zur Herstellung von Fußböden und Möbelstücken.

Beim Betrachten der glatten Rinde einer Buche könntest du an einen Elefanten denken.

Die dünnen Querstreifen in der Rinde nennt der Experte **»Chinesenbärte«**, da sie an eine weitverbreitete Bartform der Asiaten erinnern.

Im Herbst findest du die **dreikantigen Bucheckern** mit ihren stacheligen Fruchthüllen unter Buchen am Boden liegen. Wenn du ihre braune Schale abschälst, kannst du sie essen. Aber lieber nicht zu viel, denn sie sind wegen ihrer Oxalsäure nicht in großer Menge zu empfehlen. Tiere, zum Beispiel Wildschweine und Rotwild, fressen sie aber gerne.

Das Wort

Buchstabe

stammt vermutlich von den **Germanen**, die ihre Schriftzeichen aus Buchenstäbchen herstellten.

Ganz schön spitz!

Jetzt kommt der Schritt zum Buchenexperten:

Wenn du einen Buchenzweig hältst und die Knospe beschreiben sollst, wirst du mit Sicherheit deinen Zeigefinger einsetzen. Wenn du mit ihm auf die Knospe tippst, wirst du merken, wie »spitz« sie ist. Nur die Buche hat dieses spezielle Erkennungsmerkmal, deine Haut wird es wahrnehmen.

Baumquiz

Für die **Buche** merken wir uns das Wort:

spitz

Die Walnuss

Die Walnuss treibt erst sehr spät im Frühjahr aus. Oft steht sie noch kahl neben den bereits belaubten Nachbarn. So schützt der Baum seine empfindlichen Blätter vor späten Nachtfrösten. Sind die gefiederten Blätter da, kannst du eine bemerkenswerte Eigenschaft erkennen. Reibe ein Blatt mehrmals über deinen Handrücken und rieche daran. Deine **Nase** wird einen Geruch nach **Zitrone** melden.

Das ist der Grund, warum die Walnuss oft neben Sitzplätzen gepflanzt wird. Sie vertreibt durch ihren Geruch lästige Insekten wie Fliegen, Motten und Mücken.

Voll gesund fürs Hirn!

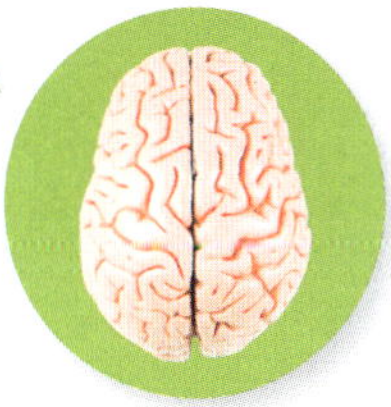

Im Herbst erkennst du den Baum ganz leicht an den reifen Walnüssen, die zu Boden fallen und ein Lieblingsfutter der Eichhörnchen sind. Auch für uns Menschen sind sie sehr gesund – dass der Kern wie ein menschliches Gehirn aussieht, ist sicher kein Zufall.

...und was hat der Nikolaus mit einer goldenen Walnuss zu tun?

Mancherorts bringt der Nikolaus euch Kindern noch heute eine goldene Walnuss mit. Warum? Das geht auf eine alte Geschichte zurück, wonach der echte Bischof Nikolaus von Myra einer sehr armen Familie an drei aufeinanderfolgenden Nächten drei Goldklumpen geschenkt haben soll. Das Geben von Nüssen steht also für Großzügigkeit und Mitgefühl.

Baumquiz

Für die **Walnuss** merken wir uns das Wort:

Zitrone

Die Kastanie

Unter diesem Laubbaum kannst du die Sommerhitze gut aushalten.
Die großen handförmigen Blätter spenden angenehmen Schatten. Natürlich handelt es sich um die Kastanie, die uns im Frühjahr mit ihren kerzenförmigen Blüten erfreut.
Baumexperten erkennen sie aber auch im Winter an ihren Knospen!

Die Knospen der Kastanie glänzen so schön, dass man gleich hingreifen möchte.

Aber Vorsicht,

denn Daumen und Zeigefinger melden:
klebrig!
Der glänzende Klebstoff schützt die großen Knospen der Kastanie im Winter vor Kälte.

Die eher runden Rosskastanien (oben) sind für den Menschen nicht essbar, für Rot- und Damhirsche sind sie aber ein Leckerbissen. Ihre Hüllen haben spitze, harte Stacheln.

Esskastanien oder Maronen (links) hingegen sind eher flach und spitz. Sie schmecken geröstet ganz köstlich und sind sehr gesund!

Probier mal!

Im Herbst fallen die glänzenden Früchte aus ihren

stacheligen Hüllen.

Du kannst sie sammeln und zusammen mit anderen Früchten lustige Tiere basteln.

Baumquiz

Für die **Kastanie** merken wir uns das Wort:

klebrig

Die Esche

Florian, der Sohn unseres Autors Roland, ist von Beruf Schornsteinfeger. Bei seiner Arbeit reinigt er auch Holzöfen und Kamine. Dabei putzt er häufig Asche weg … und das bringt uns direkt zur Esche, unserem nächsten Baum.
Was bleibt also beim Verbrennen von Holz übrig?

Natürlich, **Asche!**

Probier's mal!

Sammle Holzasche in einem Gefäß und stecke deinen Zeigefinger rein. Deine Fingerspitze wird ziemlich schwarz sein.

Beschreibe die Knospen der Esche!
Verlass dich nur auf deine Augen.

Richtig! Sie sind schwarz … so schwarz wie dein Finger, nachdem du ihn in die Asche getaucht hast.

Du kannst es dir ganz leicht merken:

schwarzer Finger = schwarze Asche
schwarze Knospe = welcher Baum?

Ändere an ASCHE einfach den ersten Buchstaben: **Asche – Esche**

Nur die Esche hat schwarze Knospen, du kannst sie im Herbst, im Winter und vor allem im Frühling, bevor die Blätter austreiben, sehr gut erkennen.

Baumquiz

Für die **Esche** merken wir uns das Wort:

schwarz

Die Linde

Unter der Linde wird's romantisch. Wo haben sich die Frauen und Männer zum Tanz getroffen, als es noch keine Clubs und Diskotheken gab? Richtig, unter der Dorflinde. Blickten die Paare in den Abendhimmel, sahen sie lauter Herzen. Grund dafür waren die **herzförmigen Blätter** der Linde.

Lecker!

Im Frühjahr spenden die weißen Blüten reichlich Nektar für Bienen. Frag doch mal beim heimischen Imker nach einem süßen

Lindenblütenhonig.

Die getrockneten Blüten ergeben mit heißem Wasser übergossen einen aromatischen Tee, der gegen Fieber und Erkältungskrankheiten hilft.

Jetzt kommen die Baumexperten ins Spiel:

Welche Farbe werden wohl die Knospen der Linde im Winter und Vorfrühling haben? Denkt an ihre herzförmigen Blätter und die Liebespaare unter der Dorflinde.

Natürlich … rot!

Baumquiz

Für die **Linde** merken wir uns das Wort:

rot

Die Triebe der Nadelbäume sehen zwar lecker aus, doch wir Rehe lassen uns lieber saftige Blätter, Kräuter und Gräser am Waldrand und auf den Wiesen schmecken.

DIE NADELBÄUME

Du hast bereits 10 einheimische Laubbäume mit ihren jeweils typischen Merkmalen kennengelernt. Jetzt schauen wir uns die Nadelbäume genauer an. Wir beschränken uns auf die Zahl 4, also auf ein Nadelquartett.

Alle Nadelbaumarten haben drei Gemeinsamkeiten: die Nadeln und Zapfen sowie die Produktion von Harz. Mit dieser klebrigen Flüssigkeit schützen sich die Bäume bei Verletzungen vor eindringenden Keimen.

Nadeln, Harz und Zapfen, das sind die Merkmale der Nadelbäume. Nein, ein Laubbaum hat auch eines dieser Merkmale. Weißt du noch, welcher Laubbaum und welches Merkmal es war?

Die Lärche

Eine Eigenschaft unserer Laubbäume hat die Lärche als einziger Nadelbaum übernommen: Die Nadeln der Lärche färben sich im Herbst gelb und fallen ab. Die kleinen rundlichen Zapfen siehst du noch bis in den Winter hinein an den kahlen Zweigen hängen. Im Frühjahr wachsen aus den verholzten Hülsen die neuen weichen **Nadelbüschel** nach.

Das

Holz der Lärche

ist sehr wertvoll, es verträgt Feuchtigkeit gut und wird daher oft für Häuserfassaden oder Holzterrassen verwendet.

Die Wände und Dächer alter Häuser sind oft mit Lärchenholzschindeln bedeckt als Schutz gegen Kälte und Nässe. Das Holz wird im Laufe der Zeit grau, ein bisschen wie die Haare älterer Leute.

Baumquiz

Für die **Lärche** merken wir uns das Wort:

Büschel

Die Fichte

kommt am häufigsten in unseren Wäldern vor. Ihre spitzen Nadeln wachsen rundherum aus den Zweigen heraus. Man kann es schon erahnen, aber probiere es aus:

Die Fichte sticht!

Das kannst du dir sicher auch optisch gut merken: Schreibe das Wort »Fichte«. Wie einfach kannst du daraus das Wort »sticht« entstehen lassen!

Leicht zu merken! Die länglichen Zapfen der Fichte **hängen an Zweigen** und fallen **als Ganzes** ab.

Brennholz

Bauholz

Das helle Holz der Fichte liefert uns Balken und Bretter zum Bau von Häusern und Möbeln. Auch als Brennholz ist die Fichte sehr beliebt.

Baumquiz

Für die **Fichte** merken wir uns das Wort:

sticht

Die Tanne

Leider wird die Tanne oft mit der Fichte verwechselt. Die **runden Nadeln** der Tanne wachsen scheitelförmig aus den Zweigen und **stechen nicht**. Ihre Zapfen wachsen aufrecht in die Höhe, und es fallen nur die einzelnen Schuppen nach und nach ab, bis nur noch die Spindel übrig bleibt.

Du wirst also nie einen Tannenzapfen mit Schuppen auf dem Waldboden finden. Das sind immer Fichtenzapfen.
Hier ist unser Sprachgebrauch sehr irreführend. Tannen sind in unseren Wäldern recht selten, die meisten »Tannenbäume« sind in Wirklichkeit Fichten.

Frage doch mal einen Förster, ob er dir Tannen in seinem Wald zeigen kann.

Der Unterschied zur Fichte: Bei der Tanne wachsen die Zapfen **nach oben** und ihre Nadeln **stechen nicht.**

An den jungen Trieben der Tanne siehst du gut, wie rund ihre Nadeln an der Spitze sind.

Merke dir auch den Spruch: Die Fichte sticht, die Tanne nicht!

Baumquiz

Für die **Tanne** merken wir uns das Wort:

rund

Die Kiefer

Kiefernrinde
ist sehr leicht und hat wunderschöne bunte Rot- und Brauntöne. Sie schwimmt sehr gut; du kannst mit ihr super Rinden-Schiffchen bauen!

Nadelbaum Nummer 4 vervollständigt unser Nadelquartett. Aus den Hülsen an den Zweigen wachsen immer **zwei lange Nadeln** heraus. Das sieht aus wie bei einer Pinzette oder einem **Vogelschnabel.** Du könntest dabei auch an ein **Krokodil** denken, mit einem

Ober- und Unterkiefer.

Jetzt weißt du aber schon den Namen des Baumes und wirst ihn nicht mehr vergessen: **Es ist die Kiefer!**

Aus Kiefernzapfen kannst du lustige Tiere basteln, wie zum Beispiel diese Eulen.

Ich bin ein ausgewachsener Zapfen.

Wir sind noch junge Zapfen.

Die Kiefernzapfen haben sehr harte Schuppen und fallen als Ganzes ab.

Kiefern werden bis zu 35–40 m hoch und sie können 800 bis 1000 Jahre alt werden.

Baumquiz

Für die **Kiefer** merken wir uns das Wort:

zwei

Das große Baumquiz

Ihr seid nun schon richtige Waldexperten.
Daher könnt ihr jetzt das Baumquiz lösen! Verbindet jeweils den Baumnamen auf der linken Seite mit dem richtigen, dazugehörigen Begriff auf der rechten Seite. Tragt den Buchstaben neben dem Begriff in das nummerierte Kästchen ein und findet so das Motto für euer nächstes Waldabenteuer heraus! Auf geht's!

Wenn ihr euch unsicher seid, schaut einfach auf der entsprechenden Baumseite nach!

1. Ahorn
2. Birke
3. Buche
4. Eiche
5. Erle
6. Esche
7. Kastanie
8. Linde
9. Walnuss
10. Weide
11. Fichte
12. Kiefer
13. Lärche
14. Tanne

spitz = e

Deutschland = l

biegsam = m

sticht = W

Kanada = V

zwei = a

klebrig = a

Büschel = l

weiß = i

schwarz = p

Zäpfchen = S

Zitrone = i

rund = d

rot = ß

Die Lösung heißt:

1 V	2	3	4
5	6	7	8
9	10		
11	12	13	14

Geht's dem Wald eigentlich gut?

Oft hört man in den Nachrichten, dass es den Wäldern auf unserem Planeten nicht wirklich gut geht. Das hat viele Ursachen und die meisten davon sind von Menschen gemacht. Was kann man tun, damit es dem Wald besser geht, Pepe?

Müllhelden und -heldinnen

Leider findet man häufig Müll in der Natur, an dem wir Tiere uns verletzen können. Du und deine Freunde könnt uns helfen: Sammelt mit Mülltüten und Handschuhen alles ein, was ihr an Abfall findet, und entsorgt es zu Hause in der richtigen Mülltonne. Wer am meisten Müll findet, hat gewonnen!

Schau genau, ...

... ob das, was du im Alltag verwendest, aus recyceltem Material gemacht ist. Papier sollte aus Holz aus nachhaltiger Forstwirtschaft gemacht sein oder aus recyceltem Papier, damit keine Urwälder dafür gefällt werden. Verwende Recycling-Schulhefte oder Hefteinbände ohne Plastik und überzeuge deine Freunde davon, es auch zu tun.

Gefährliche Funken

Auch in Deutschland werden die Böden trockener und die Waldbrandgefahr steigt. Zünde im Wald kein Feuer an, denn es kann unbeabsichtigt schnell außer Kontrolle geraten. Wir Tiere verlieren dann unseren Lebensraum, Menschen und Häuser können dabei zu Schaden kommen, viele Bäume und Pflanzen werden vernichtet. Daher aufgepasst!

Sauerstofftanks

Ein ausgewachsener Baum produziert täglich 11 000 Liter Sauerstoff aus Kohlendioxid. Das reicht 25 Menschen für einen ganzen Tag zum Atmen. Ganz schön gut!
Mehr Bäume = mehr Sauerstoff und besseres Klima auf der Welt! Also, ran ans Bäumepflanzen!
Frage bei einem Förster nach, ob du, deine Freunde und eure Familien beim Aufforsten mithelfen dürfen. Es gibt auch Naturschutzorganisationen, wie z. B. »Plant for the Planet«, die Aufforstaktionen mit Kindern organisieren.

Wilde Wälder

In Deutschland gibt es viele tolle National- und Naturparks. Sicherlich auch in deiner Nähe! Frage deine Eltern, ob ihr am Wochenende oder in den Ferien dorthin fahren könnt. Du kannst dich in den Ferien für ein »Junior-Ranger-Programm« anmelden. Dabei erforschst du, wie sich Tiere und Pflanzen im Wald entwickeln, hilfst den erwachsenen Rangern bei ihrer Arbeit und hast mit anderen Junior-Rangern auch noch viel Spaß.

Ein großer Teil unserer Wälder in Deutschland sind sogenannte Nutzwälder: Hier wachsen Bäume, die für die Holzproduktion verwendet werden. Aber wofür ist welches Holz am besten geeignet?

Wusstest du schon, dass ...?

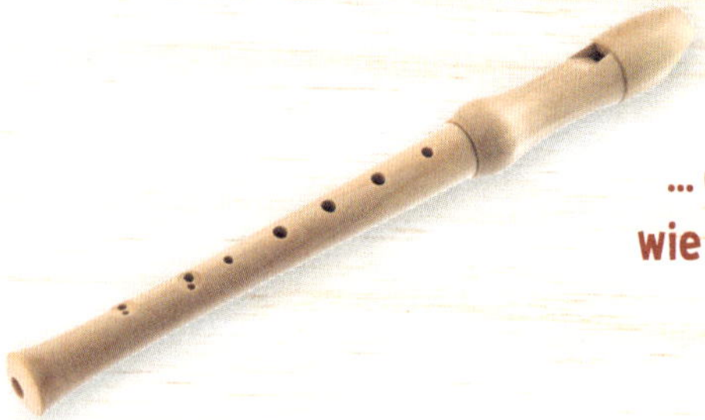

... das Holz vom Ahorn zur Herstellung von Musikinstrumenten, wie Blockflöte oder Fagott, verwendet wird?

... die hellen Figuren eines Schachbretts aus Ahornholz sind, die dunklen hingegen oft aus Nussbaumholz (z. B. Walnuss)?

... mit dem sehr harten Holz der Eiche Fässer gemacht werden, in denen z. B. Whisky oder Wein jahrelang (manchmal auch jahrzehntelang) reift? Warum? Das Eichenholz verbessert den Geschmack des Weines oder Whiskys.

... das Holz der Esche besonders lange Fasern hat, sich unter heißem Wasserdampf gut biegen lässt und sich daher prima zur Herstellung von Werkzeugstielen eignet?

... das Holz der Linde besonders gut zum Schnitzen und Drechseln geeignet ist, weil es sehr weich ist? Viele Madonnenfiguren sind aus Lindenholz. Auch wird es gerne zur Herstellung von Hutformen verwendet – ja, so etwas gibt es tatsächlich!

... man mit den biegsamen Stecklingen der Weiden, die jedes Jahr neu austreiben, wunderbare Tipis bauen kann?

... die meisten Holzspielsachen und auch sehr viele Möbel aus Buchenholz gefertigt werden, weil es so hart ist?

... sich Birkenholz auch gut als Brennholz eignet?

... die typischen Nussknacker aus dem Fichtelgebirge meist aus Fichtenholz gedrechselt werden?

Hallo Bäume, wo seid ihr?

In der Stadt wachsen auch viele Bäume. Aber wo? Und welche sind es? Da ihr jetzt Super-Baumexperten seid, könnt ihr sicherlich entdecken, welche Bäume bei euch im Park, auf eurem Schulhof, in eurem Garten oder auf dem Spielplatz wachsen. Macht doch mal eine Bäumerallye durch euren Stadtteil und schreibt auf, welche Bäume ihr seht. Das sind sicher ganz schön viele! Denn manche Städte sind sehr grün!

Auf geht's zum Baumcheck!

... in eurem Garten

... auf dem Spielplatz

... im Park

... an der Schule

... vor deinem Fenster

... im Biergarten

... beim Museum

Der Autor

Roland Bock

ist Grundschulrektor und Dozent an der Universität Augsburg. Er gibt sein Wissen im Bereich der Umwelterziehung gerne seinen aktuellen Schulkindern weiter, aber auch in Seminaren der Lehrerfortbildung. Als passionierter Jäger jagt er im eigenen Revier. Er ist verheiratet, hat zwei erwachsene Söhne, drei Enkelinnen und die Dackelhündin Gaia. Seit seiner Kindheit lebt er in Schwabmünchen im Herzen Bayerisch-Schwabens nahe dem Naturpark Augsburg-Westliche Wälder. Dort leben auch Valentina und Linus, deren Eltern er schon lange kennt.

Der Illustrator

Johannes Reiner

ist selbstständiger Grafiker und Illustrator. Als Dozent für Zeichnen unterrichtet er an der Akademie für Gestaltung und Design in München. Er lebt mit seiner Familie und Kater Bazi im bayerischen Voralpenland.

Friedrichstraße 9,
D-80801 München

Layout und Gestaltung:
Büro Vor-Zeichen, Habach
Marion Reiner
www.vor-zeichen.de
ISBN 978-3-8458-4703-0

www.arsedition.de

Bildnachweis:
Illustrationen von Johannes Reiner
Zusätzliche Illustrationen: Chiara Schmid und Timo Herzog (S. 10, 11)
Fotos von Fred Britzger (Umschlag Vorder- und Rückseite, S. 4, 5, 10, 11, 13, 14, 15, 16, 18, 19, 20, 21, 24, 26, 27, 29, 35, 36, 37, 38, 39, 42, 44, 48), Marion Reiner (S. 15, 48), Alexander Reiner (S. 25) und Angelika von Tolkacz (S. 20)
Weitere Fotos:
© stock.adobe.com: A_Bruno, aapsky, Abinieks, AleMasche72, alenalihacheva, Alexander Morozov, Alexander Potapov, alexmak, Aliaksei, alina nasibulina/EyeEm, andreaobzerova, Animaflora PicsStock, azure, barmalini, Bohdan, Boris Ryaposov, by-studio, CaptureAndCompose, Carola Schubbel, charnsitr, chechotkin, chiew, cometcat, Coprid, creativenature.nl, Creatus, cut, Daelin, Dan Race, dehweh, Dinadesign, dmitr1ch, donatas1205, Doris, dule964, duncanandison, Elena Zhilenkova, fotofabrika, fotoknips, Fotoschlick, fottoo, frenta, Friedberg, gdvcom, Gerhard Paukstat, Goran, gradi1975, Gresei, Günter Albers, Hayati Kayhan, herreneck, Hubert, ihorhvozdetskiy, Ina Meer Sommer, isabela66, ISO101, Ivan Traimak, ivandanru, Jan Will, JuergenL, Jürgen Fälchle, K.- P. Adler, kab-vision, Karsten, Klaus Eppele, lemélangedesgenres, littleny, Lookinout, Luca Guerra, marcobarone, margo555, marilyn barbone, Mark Ross, mescioglu, Michael, Moritz Becker, natros, Natureimmortal, nito, o_voltz, Oleg, OlgaKot20, Otto, Pattadis, PeJo, petrovval, photo 5000, PhotographyByMK, PhotoSG, Pixelot, pixopixo, progarten, Renáta Sedmáková, Rockafox, Roland Abel, Ruckszio, sablin, Sad, sbp321, schulzie, Scisetti Alfio, sebgsh, serhio777, Sforster, shishiga, sidorovstock, Smileus, Soho A studio, solidmaks, Swetlana Wall, tashka2000, Teeradej, tendo23, Tiberius Gracchus, udovichenko, ValentinValkov, vicnick08, Vidal, Viktoryia, Werner, wichien.w, Wim, Wolfgang, Wolfgang Kruck, Zerbor; www.istockphoto.com: ANGHI, borchee, DNY59, Eucalyptys, filmfoto, Jim1123, Julia August, PeterHermesFurian, Sieboldianus, subjug, tiler84, vasabii; www.shutterstock.com: Daniel Dunca, Serp; Alamy Stock Foto: blickwinkel/Jagel

MIX
Papier | Fördert gute Waldnutzung
FSC® C018236
www.fsc.org

Fichte
Erle
Eiche
Esche
Tanne
Walnuss
Ahorn